あしたの木

うたかいずみ 童謡詩集　しんやゆう子 絵

JUNIOR POEM SERIES

もくじ

ゆうやけパレット

まほうのマント

あしたの木《き》

ゆうやけパレット

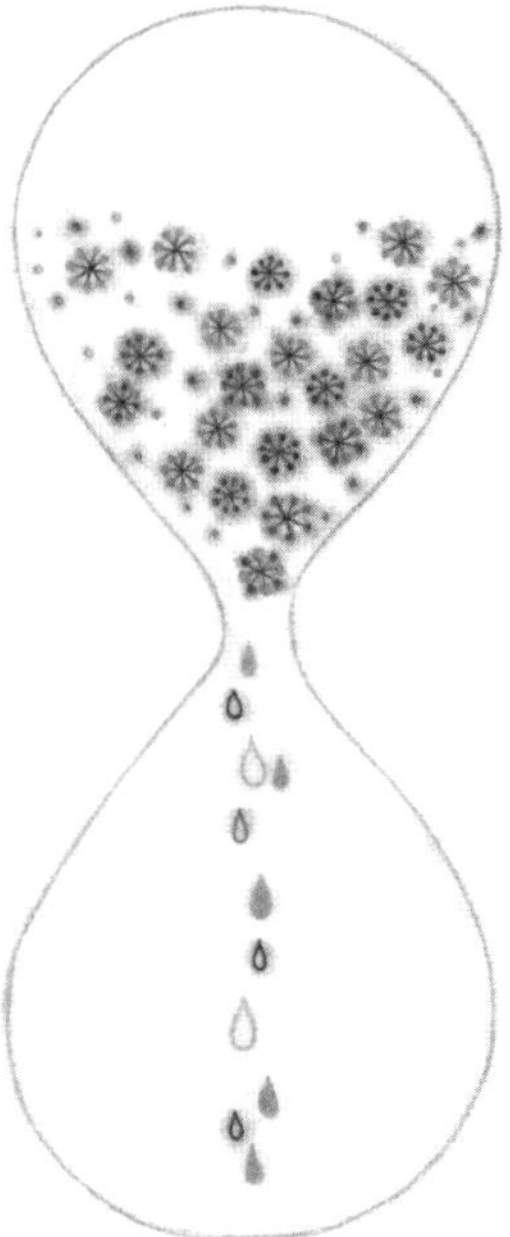

ほしの　ネックレス

ママに　あげたい
ほしの　ネックレス
よぞらを　かざる
ほしたちを
ぽろん　ぽろろん
ろんろんろん
きんの　いとに
とおしたい

わたしも　つけたい
ほしの　ネックレス
つきよに　うかぶ
ほしたちを
しゃらん　しゃららん
らんらんらんらん
ぎんの　いとに
とおしたい

きっと　にあうね
ほしの　ネックレス

そらの　ピアノ

ながれるよ
そらの　ピアノの
メロディーが
くもは　けんばん
かぜは　ピアニスト

はねてるよ
そらの　ピアノの

メロディーが
ことりは　うたい
はなは　おどる

きこえるよ
そらの　ピアノの
メロディーが
いきもの　みんなの
コンサート

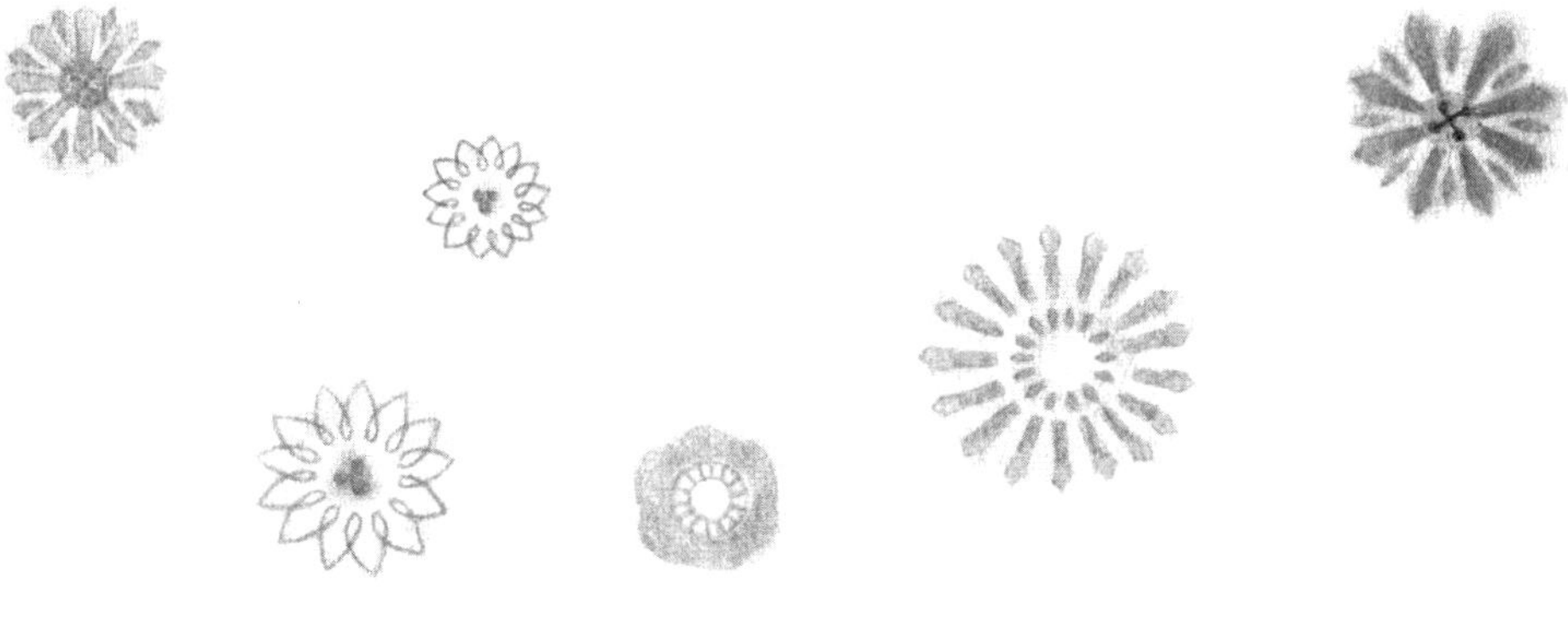

紙《かみ》ひこうき　とばそ

紙《かみ》ひこうき　とばそ
けんかした　みいちゃんに
ごめんねって　かいて
はやく　はやく　はやく
紙ひこうき　とどけ

紙ひこうき　とばそ
となりまちの　おばあちゃんに
げんきでって　かいて

とおく　とおく　とおく
紙ひこうき　とどけ

紙ひこうき　とばそ
そらにいる　ポチへ
だいすきって　かいて
たかく　たかく　たかく
紙ひこうき　とどけ

風《かぜ》の　あしあと

いろとりどりの　花《か》だんの　なか
風《かぜ》が　とおりすぎました
花《はな》びらたちが　ふわふわり
ダンス　おどって　ごあいさつ

緑《みどり》のわかばの　木々《きぎ》の　みち
風が　とおりすぎました
木《こ》の葉《は》たちが　ひらひらり
からだ　ゆらせて　ごあいさつ

青《あお》くすんだ　湖《みずうみ》の　うえ
風が　とおりすぎました
お魚《さかな》たちが　ゆらゆらり
みなも　およいで　ごあいさつ

みあげた　空《そら》の　むこうへと
風が　とおりすぎました
空いちめんに　のこります
ちぎれ雲《ぐも》の　あしあとが

にじの　はしっこ

にじの　はしっこ　さがしにいこう
なないろに　そまった　はらっぱで
ねころんでみたいな　くさの　うえ
ちょうちょうが　おどって　さそうかな

にじの　はしっこ　さがしにいこう
なないろに　かがやく　もりの　なか
のぼってみたいな　きの　てっぺん
ことりに　あいさつ　できるかな

にじの　はしっこ　さがしにいこう
なないろに　ひかる　みずうみで
もぐってみたいな　なみの　そこ
さかなが　ほほを　くすぐるかな

にじの　はしっこ　さがしにいこう
きえないうちに　かけていこう

あしあとスタンプ

ねえ　きょうは
いつもと　ちがう　まわりみち
あるいてみよう　たっ　たっ　たっ
ちきゅうに　のこそう　あしあとスタンプ
まっさらスタンプ　ぺた　たった

ねえ　きょうは
いったことない　のはらみち
はしってみよう　たっ　たっ　たっ

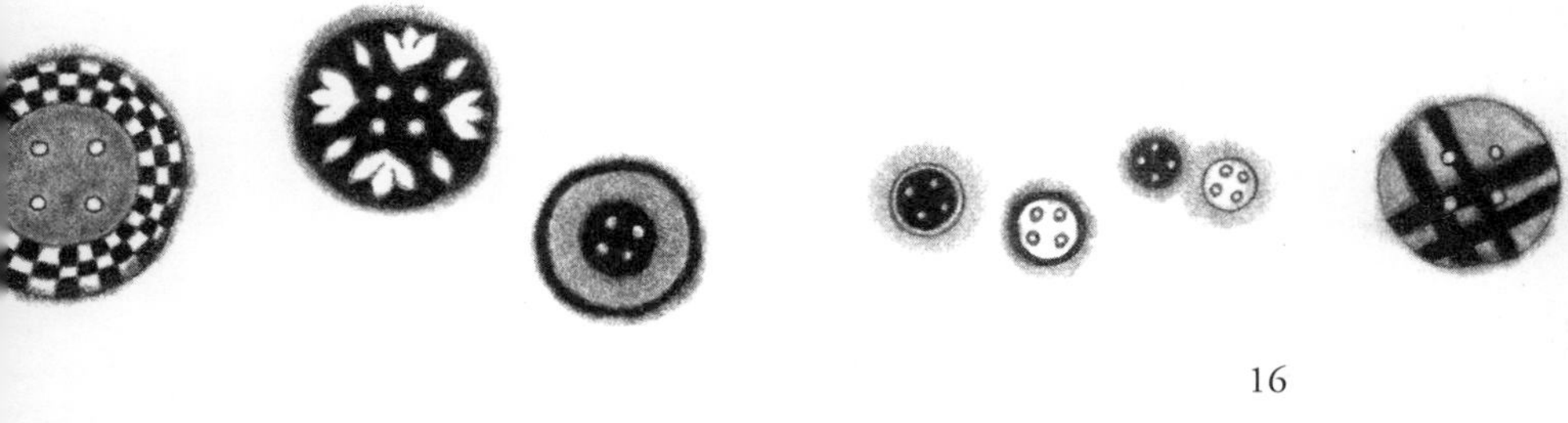

ちきゅうに　のこそう　あしあとスタンプ
まっさらスタンプ　ぺた　たった

ねえ　きょうは
のぼったことない　さかのみち
あがってみよう　たっ　たっ　たっ
ちきゅうに　のこそう　あしあとスタンプ
まっさらスタンプ　ぺた　たった

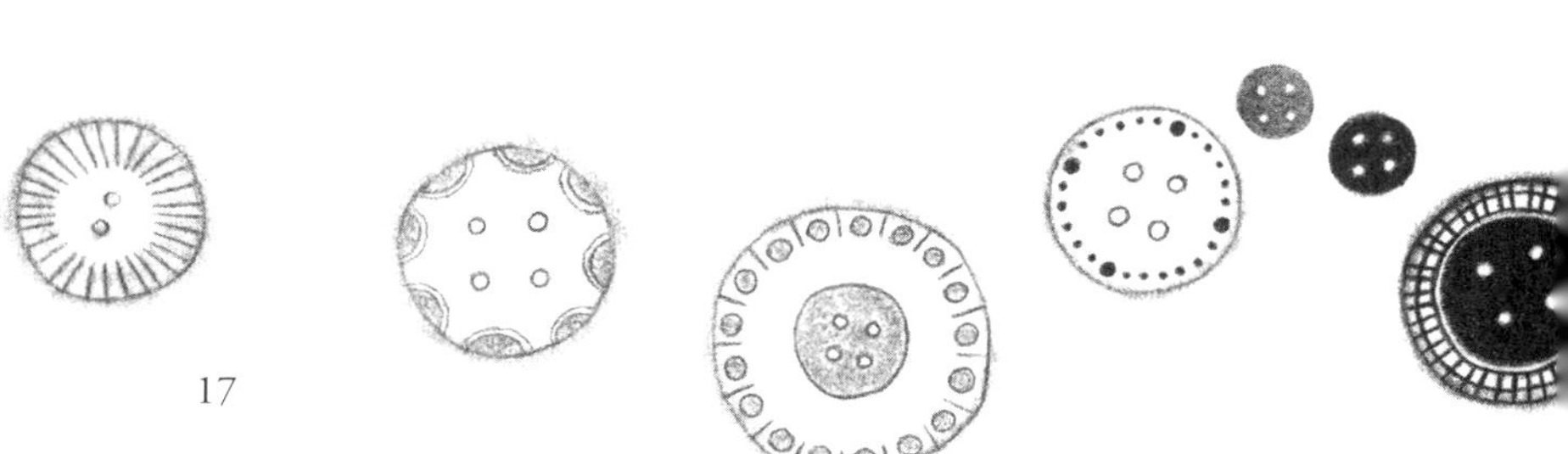

ゆうやけパレット

おひさま　あかねいろ
きょうの　おわり　つげる
ゆっくり　ゆっくり　ゆっくり
ゆうやけパレット
いろの　まほう

にしの　そら　すみれいろ
くもも　まちも　そまる
あわく　あわく　あわく

ゆうやけパレット
いろの　ふしぎ

おつきさま　きんいろ
よるを　つれて　のぼる
しずかに　しずかに　しずかに
ゆうやけパレット
いろの　てじな

まほうのマント

おばけの　先生《せんせい》

おばけの　学校《がっこう》　あったらいいな
先生《せんせい》は　ろくろっ首《くび》
しゅるしゅるしゅるる　首のばし
校舎《こうしゃ》の　むこうが　見《み》えるかな
みんなの　かけっこ　見えるかな

おばけの　学校　あったらいいな
先生は　雪《ゆき》おんな
ヒュルヒュルヒュルヒュルル　雪ふらし

夏《なつ》でも　スキーが　できるかな
みんなで　きょうそう　できるかな

おばけの　学校　あったらいいな
先生は　のっぺらぼう
つるつるつるるん　お顔《かお》なし
だれが　だれだか　わかるかな
みんなの　お名前《なまえ》　わかるかな

おばけの　学校　あったら　いいな
おばけの　先生に　会《あ》いたいな

しっぽ

おしりに　しっぽが　はえたなら
うまの　しっぽが　はえたなら
にんじん　すきに　なれるかな

おしりに　しっぽが　はえたなら
カンガルーの　しっぽが　はえたなら
とびばこ　じょうずに　とべるかな

おしりに　しっぽが　はえたなら
いぬの　しっぽが　はえたなら
かけっこ　はやく　なれるかな

あたまに　しっぽが　はえたなら
どこが　あたまか　わからない
あべこべ　さかさま　ちゅうがえり

しっぽ　しっぽ　しっぽっぽ
しっぽ　しっぽ　しっぽっぽ

あるこ

いっぽ　にほ　さんぽ
あしを　あげて　あるこ
まっすぐな　みち
まがりくねった　みち
あしを　あげて　あるこ

よんぽ　ごほ　ろっぽ
うでを　ふって　あるこ

たかい　やま　めざし
ひろい　のはら　こえて
うでを　ふって　あるこ

のってみたいな

のってみたいな　とんぼのせなか
すいすい　ついつい　つーいつい
ひこうきみたいに　とべるかな
はらっぱこえて　とべるかな

のってみたいな　かえるのせなか
ぽんぽん　ぴょんぴょん　ぴょーんぴょん

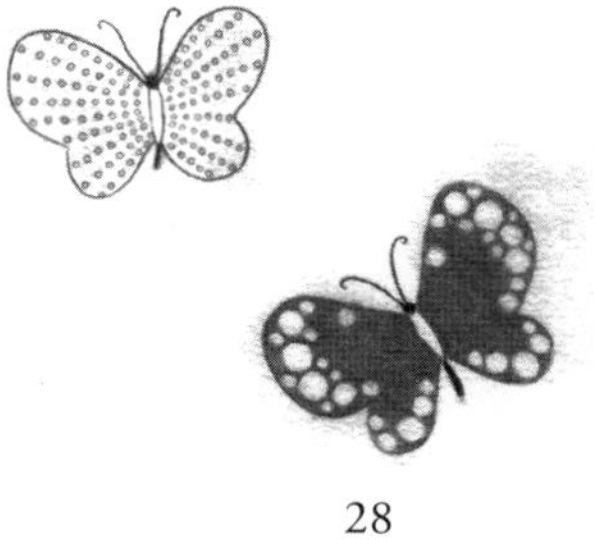

トランポリンみたいに　はねるかな
くさむらこえて　はねるかな

のってみたいな　ちょうちょうのせなか
ふわふわ　ゆらゆら　ゆーらゆら
かぜといっしょに　おどれるかな
ひかりをこえて　おどれるかな

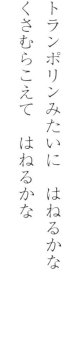

ママのエプロン

コロッケ　あげると　あぶらが　パチパチ
ママの　エプロンに　とんできて
おはなの　もようが　うまれたよ

おそうじ　すると　わたげが　ふわふわ
ママの　エプロンに　くっついて
おはなの　もようが　うまれたよ

やさいを　あらうと　みずが　ピチャピチャ
ママの　エプロンに　とびちって
おはなの　もようが　うまれたよ
ママの　エプロンは　おはなばたけ
おはなが　いっぱい　さいてるよ

せっけん　あわわ

せっけん　せっけん
おふろの　せっけん
からだを　なでなで
タオルで　ごしごし
あわわ　あわわ
くすぐったいよ
しかくい　せっけん
ちいさく　なっていくよ

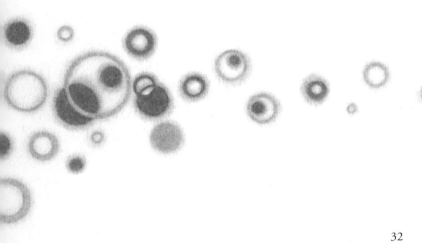

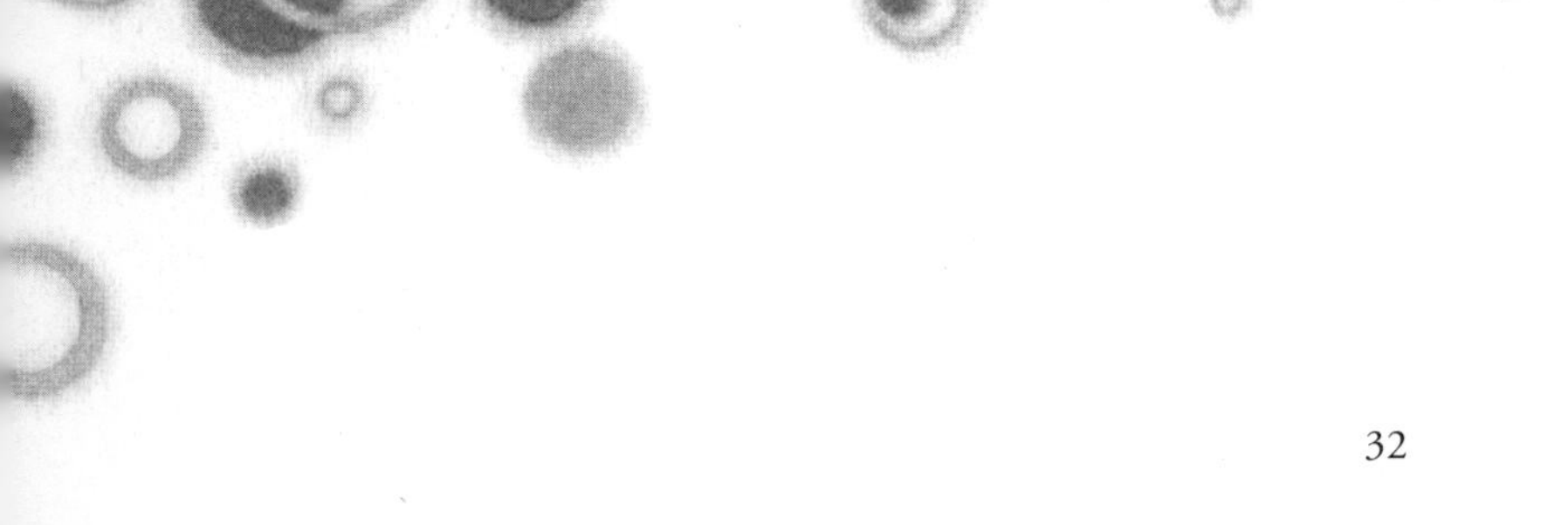

あわわわ　あわわ
たのしいな

せっけん　せっけん
てあらい　せっけん
ポンプで　くしゅくしゅ
りょうてで　ごしごし
あわわわ　あわわ
くすぐったいよ
とろりん　せっけん
ふわふわに　なっていくよ
あわわわ　あわわ
うれしいな

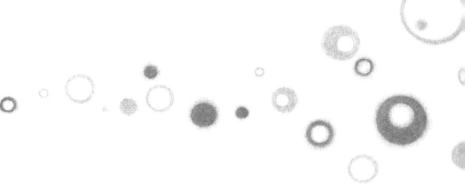

キッチンコンサート

もうすぐ　はじまる　コンサート
おみず　ジャブジャブ
まないた　トントントン
にんじん　じゃがいも
なす　きゅうり
みんな　でばんを　まっている
キッチンコンサート　まくが　あく

いまから　はじまる　コンサート
おなべ　コトコト
フライパン　ジュジュジュ
ぎゅうにゅう　さかな
にく　たまご
みんな　おいでよ　しゅうごうだ
キッチンコンサート　まくが　あく

まほうのマント

ほしいな　ほしいな
まほうのマント
ふわり　ふわふわ
おおぞらを
とんでみたいな
かぜといっしょに

ほしいな　ほしいな
まほうのマント

ぱらり　ぱらぱら
はなのたね
まいてみたいな
ちきゅういっぱい

ほしいな　ほしいな
まほうのマント
とおく　とおく
ゆうやけこえて
のってみたいな
ほしのかんらんしゃ

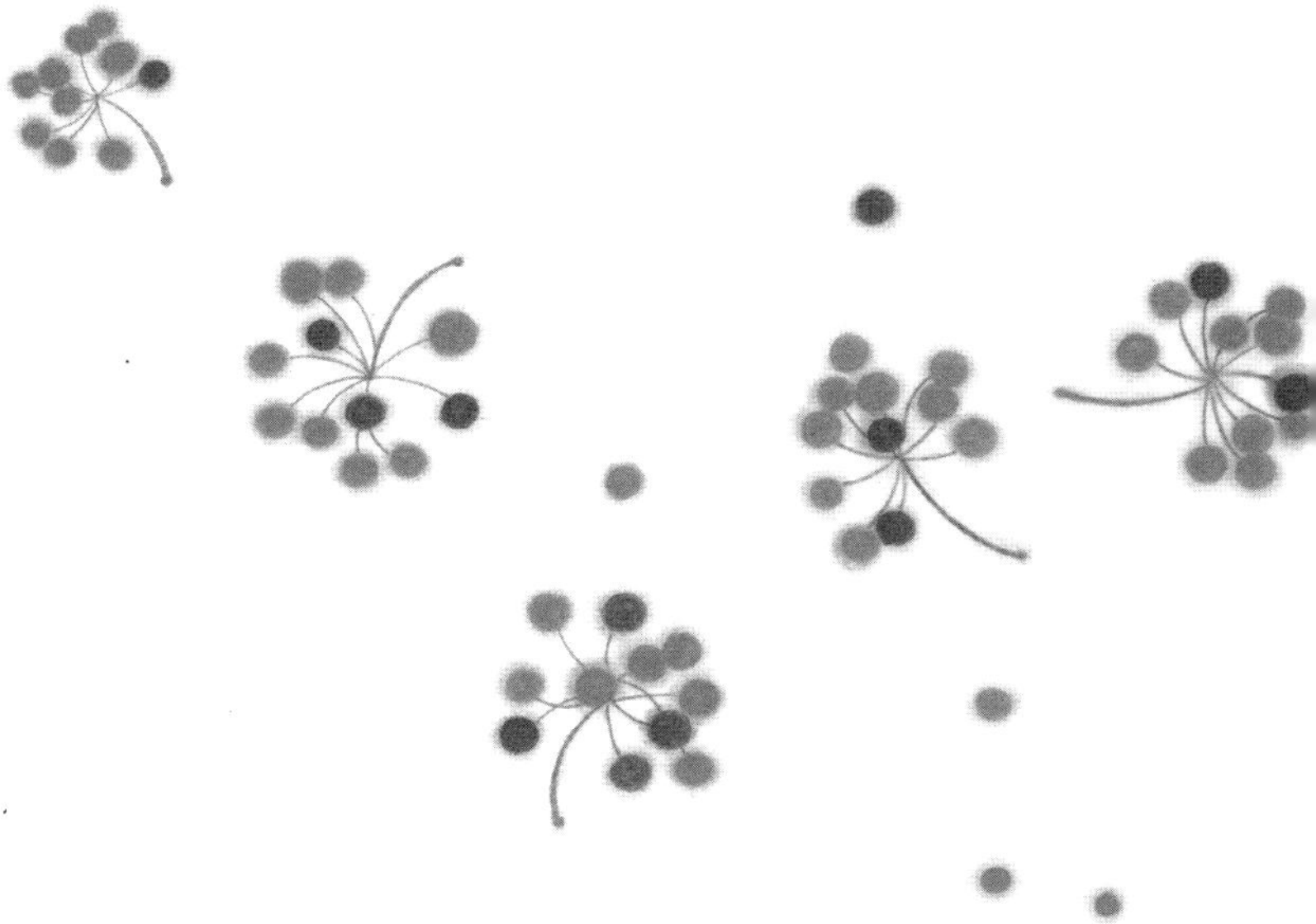

アースブルーの　ランドセル

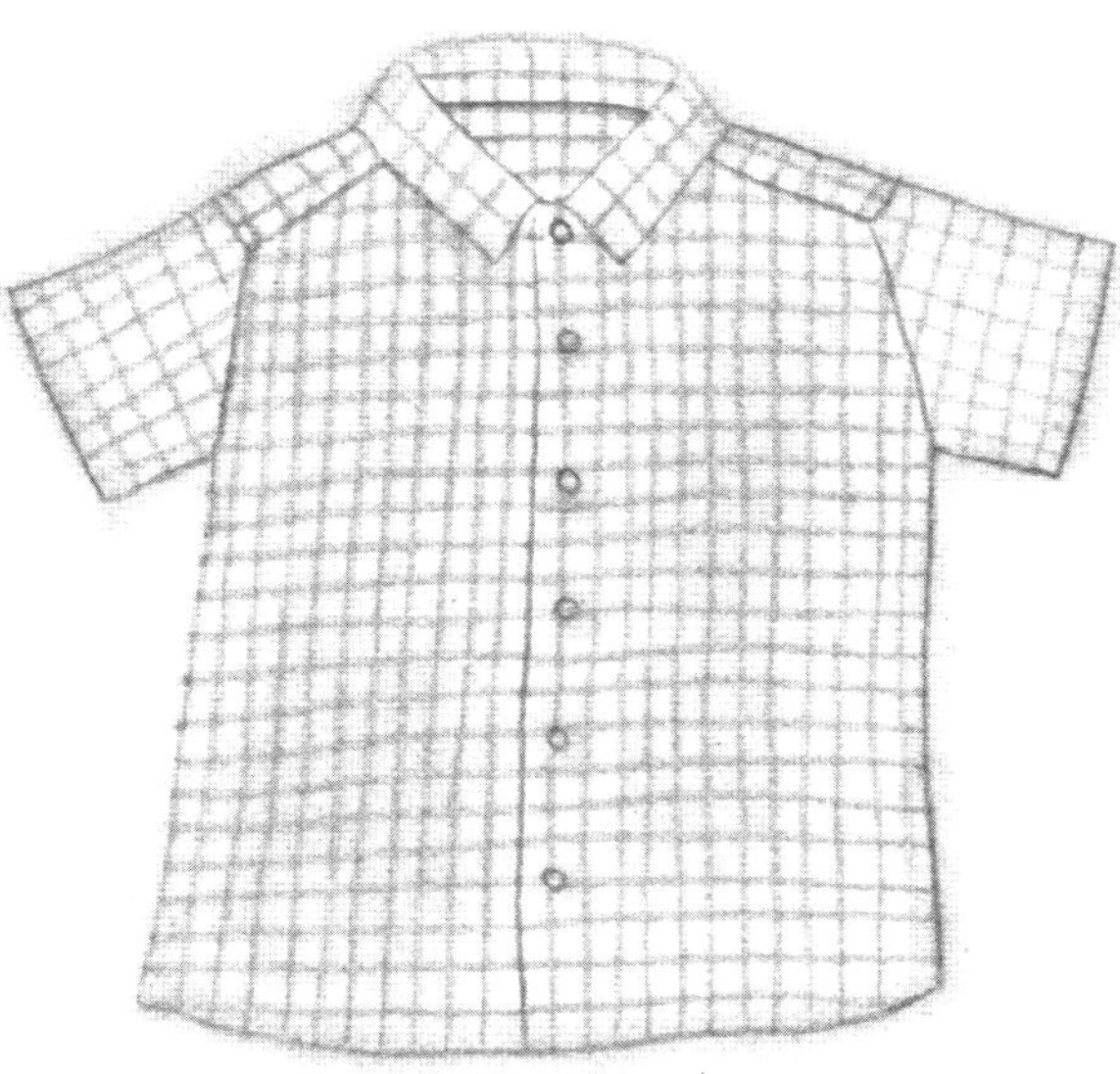

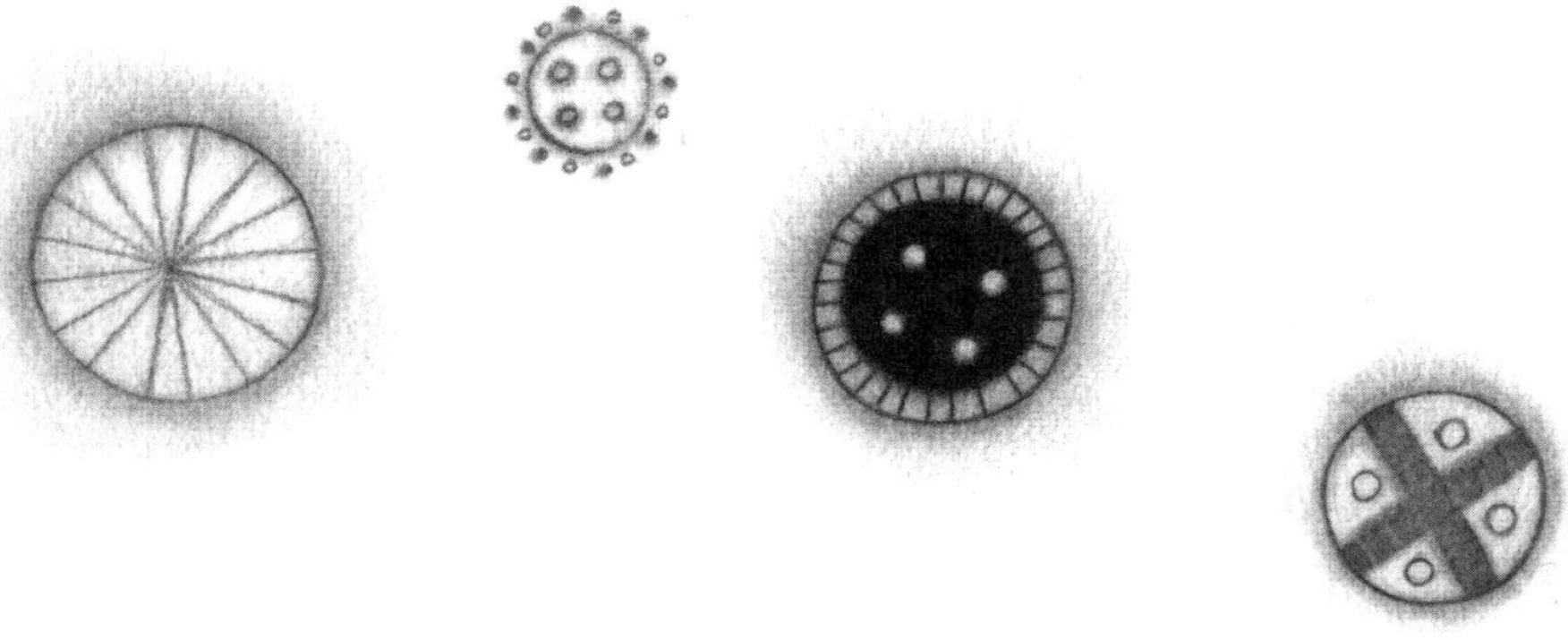

おめでとう

いもうと　うまれた
ひの　あさに
にわで　ひまわり
さきました
おひさま　みたいに
かがやいて

いもうと　うまれた
ひの　あさに

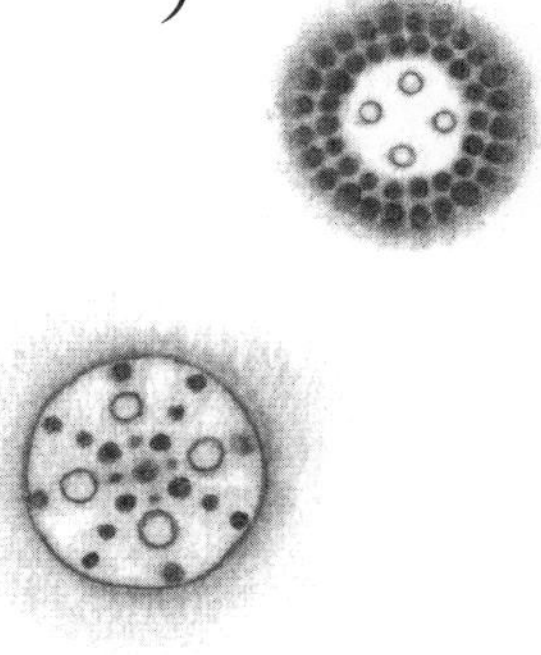

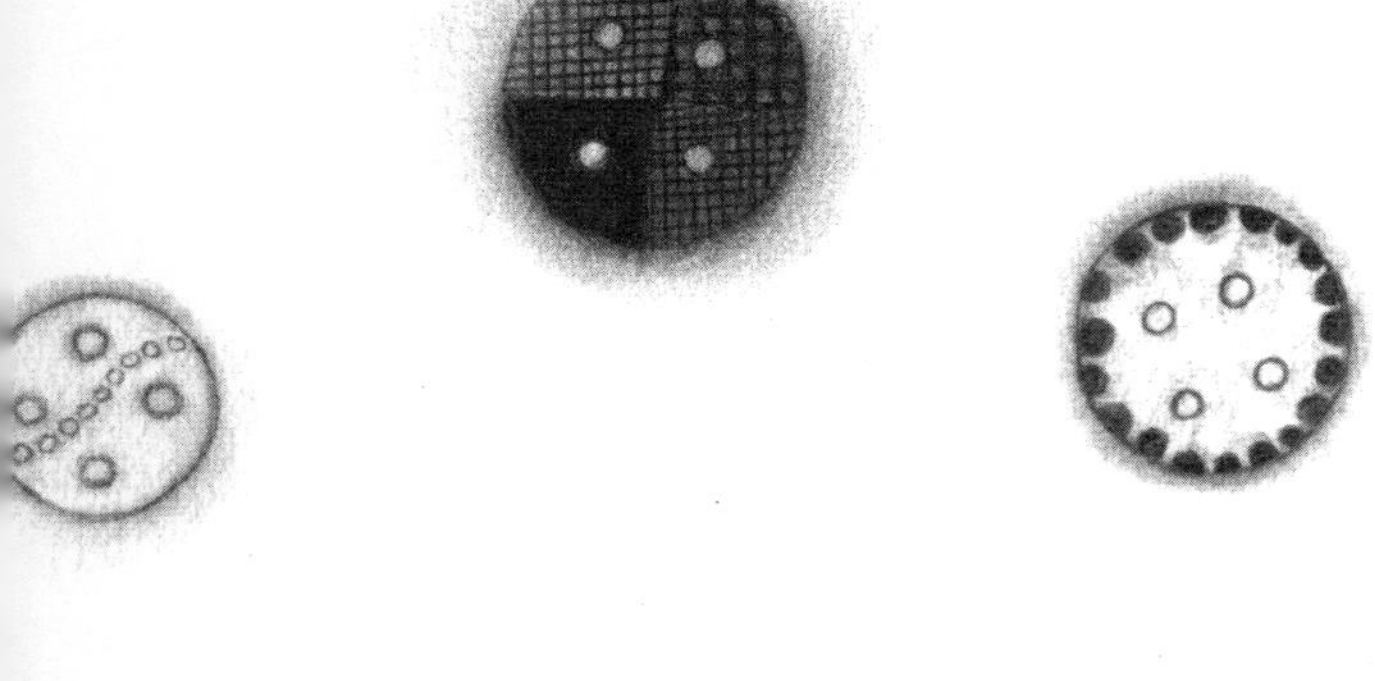

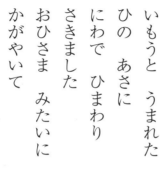

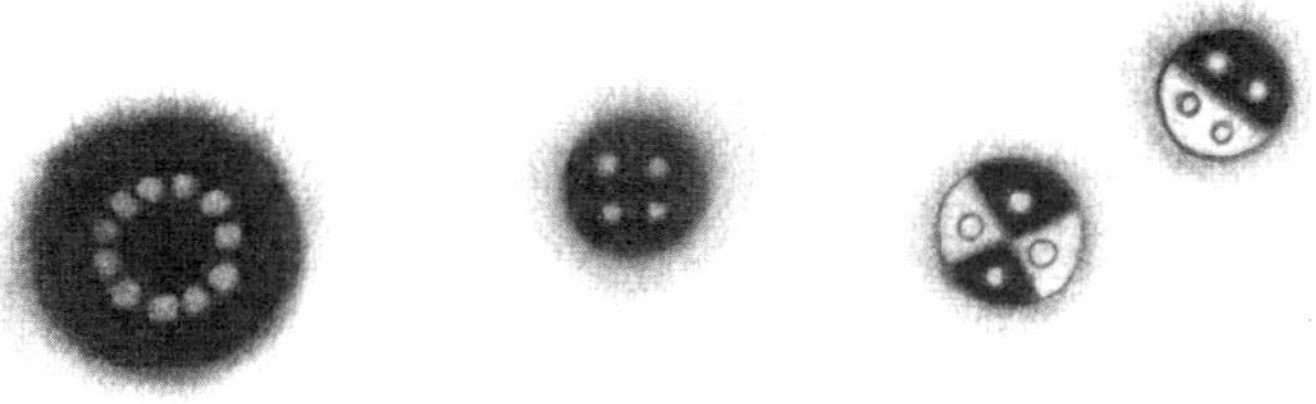

そらが　きらりと
ひかります
まぶしい　えがおの
ごあいさつ

いもうと　うまれた
ひの　あさに
まどべで　ことりが
うたいます
おめでとう　おめでとう
おたんじょう　おめでとう

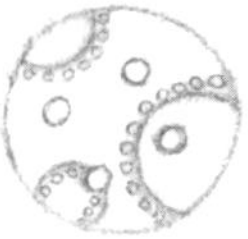

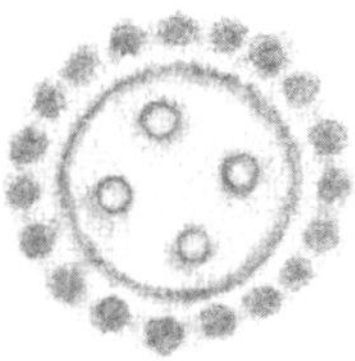

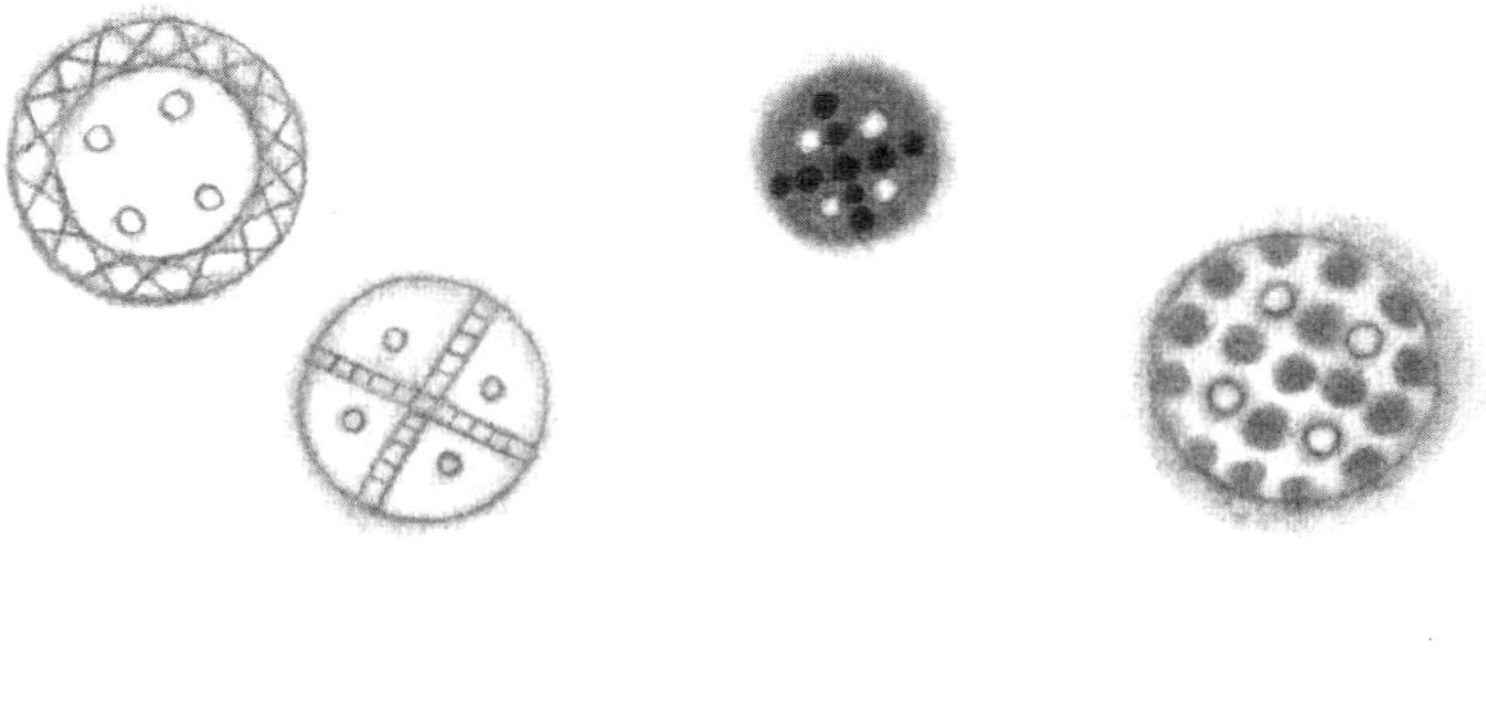

ないしょ

おとうとの　ゆうくん
ねむっているとき
ぷくぷくの　ほっぺ
ゆびで　つついたの
いつも　ママに
だっこして　もらってるから
おこしてみたくなったの
ないしょ

ころんで　ひざをすりむいた
あんまり　いたくなかったけど

あんあんあんって
いつまでも　ないてたの
ママに　そばで
ずっと　あたまを
なでていてほしかったの
ないしょ

おばあちゃんに　もらった
チューリップの　きゅうこん
よっつ　ならべて
にわの　すみに　うえたの
めがでて　はなが　さいたら
パパと　ママと　ゆうくんを
おどろかせてあげたいの

はるまで　ないしょ
だれにも　ないしょ

なかなおり

ちこちゃんと　けんかした
おもちゃの　とりっこ　けんかした
おこりんぼ虫《むし》が　やってきて
からだの中《なか》で　おおあばれ
ぷんぷん　ぷんぷん
ぷーん　ぷん
ほんとは　さびしい　ひとりぼち
ちこちゃん　ごめんね
また　あそぼ

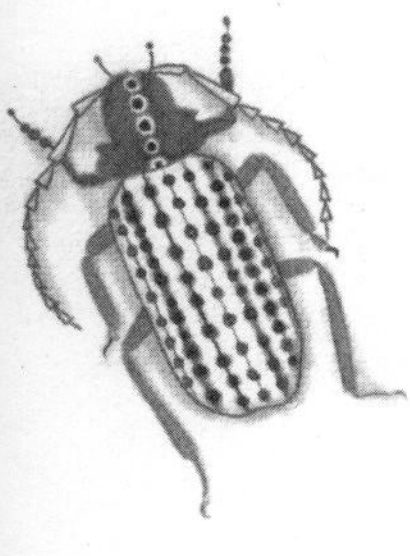

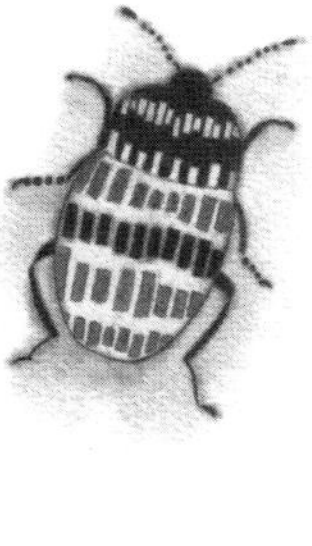

ちこちゃんと　なかなおり
手《て》と手を　つないで　なかなおり
わらいんぼ虫が　やってきて
からだの中で　とびはねる
あははは　あはは
あっはっは
なんだか　うれしい　ふたりだもん
ちこちゃん　ありがと
また　あした

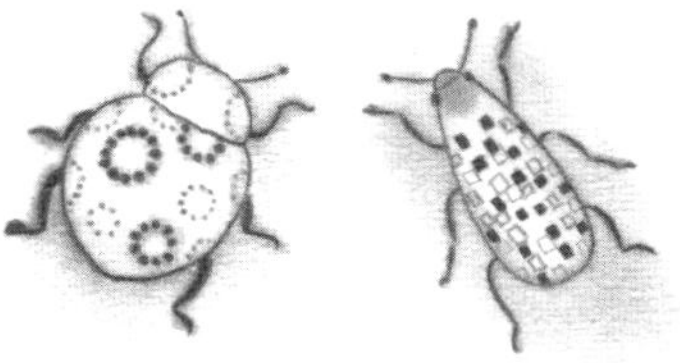

かえりみち

ようちえんの　かえりみち
こうえんの　はっぱが　ごあいさつ
きょうの　おべんとう　おかずは　なあに
からあげ　きゅうり　プチトマト
ぜんぶ　たべたよ　リュックが　かるい

ようちえんの　かえりみち
となりの　ねこが　ごあいさつ
きょうの　おくつ　にあって　かわいい

郵便はがき

恐れいりますが
切手をお貼りください

248-0017

神奈川県鎌倉市佐助 1－18－21

万葉野の花庵

㈱銀の鈴社

『あしたの木』

担当 行

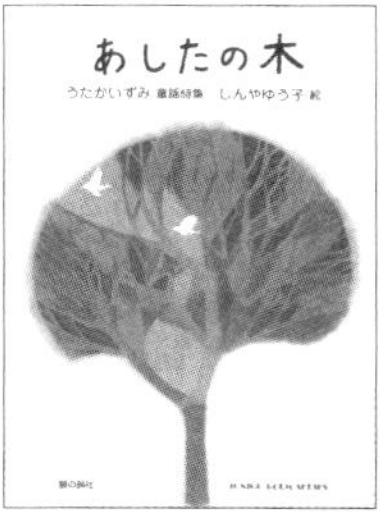

下記個人情報につきましては、お客様のご意見・ご要望への回答ならびに銀の鈴社書籍・サービス向上のために活用させていただきます。なお、頂きました情報につきましては、個人情報保護法に基づく弊社プライバシーポリシーを遵守のうえ、厳重にお取り扱い致します。

ふりがな お名前 （男・女）	お誕生日 年　月　日
ご住所 （〒　　　） TEL	
E-mail	

☆ **この本をどうしてお知りになりましたか？**（□に✓をしてください）

□ 書店で　□ ネットで　□ 新聞、雑誌で（掲載誌名：　　　）

□ 知人から　□ 著者から　□ その他（　　　）

★ Amazonでご購入のお客様へ　おねがい★

本書レビューをお願いいたします。

読み終わった今の新鮮な気持ちが多くの人たちに伝わりますように。

ご愛読いただきまして、ありがとうございます

今後の参考と出版の励みとさせていただきます。
（著者へも転送します）

◆ 本書へのご意見・ご感想をお聞かせください

◆ 著者へのメッセージをお願いいたします

※お寄せいただいたご感想はお名前を伏せて本のカタログやホームページ上で使わせていただくことがございます。予めご了承ください。

▼ご希望に✓してください。資料をお送りいたします。▼

□本のカタログ　□野の花アートカタログ　□個人出版　□詩・絵画作品の応募要項

ゲラを先読みした 読者の方々から

「本のたんじょうに たちあおう」

～ 感じたこと ～

＜新刊モニターの感想から＞

◆にじの　はしっこ

にじをとらえる視点にユーモアを感じます。にじとたわむれる描写が、臨場感あふれていて五感に働きかける作品です。

ママのエプロン

せっせとはたらくママのそばで、見立て遊びをするこどもとママの緩急がおもしろいです。ほっこり温かみのある作品。

あっ　いま

何かに悩んだり迷ったりした時は、こんなふうに一瞬一瞬を大切に。何だか道もひらけてくるようなそんな気持ちになりました。　（藤井かおり）

そらの　ピアノ

自然に目を向けて豊かな感性で受け止め、壮大なスケールで歌い上げています。やさしい気持ちになれます。

◆おばけの　先生

おばけの先生がいる学校があったら、どんな学校生活になるのか想像して、とても楽しい気持ちになります。

◆なかなおり

けんかした時、こんなふうに考えられたらいいですね。素直に謝れなくても、この詩を書いて渡せば仲直りできそうです。

（りお）

・・すべてに対して優しくあたたかなうたかいずみさんの詩の世界を楽しませていただきました。　（まあみ）

※上記は寄せられた感想の一部です※

シャツも　くつしたも　ハンカチも
じぶんで　えらんだ　ひとりでね

ようちえんの　かえりみち
そらの　おひさま　ごあいさつ
きょうは　えんていで　ともだちと　いたね
ブランコ　シーソー　おにごっこ
なかよく　あそんだ　げんきにね

おじいちゃんの　からだ

ちかごろ
どうも
みみが
とおくなった

きのせいか
なんだか
あたまも
かたくなって

おまけに
こしも
おもくて
かなわん

とおくなったり
かたくなったり
おもくなったり

おじいちゃんの
からだ
いそがしい

べっちょない

心《こころ》が　小《ちい》さく　しぼんだり
明日《あした》が　くらくて　見《み》えないとき
空《そら》から　聞《き》こえる
おばあちゃんの　声《こえ》

べっちょない　べっちょない
なんとかなるよ　だいじょうぶ
心が　ふわりと　広《ひろ》がって
足《あし》を　一歩《いっぽ》　ふみだせる

べっちょないは
おまじないの　ことば
べっちょないは
おばあちゃんの
まほうの　ことば

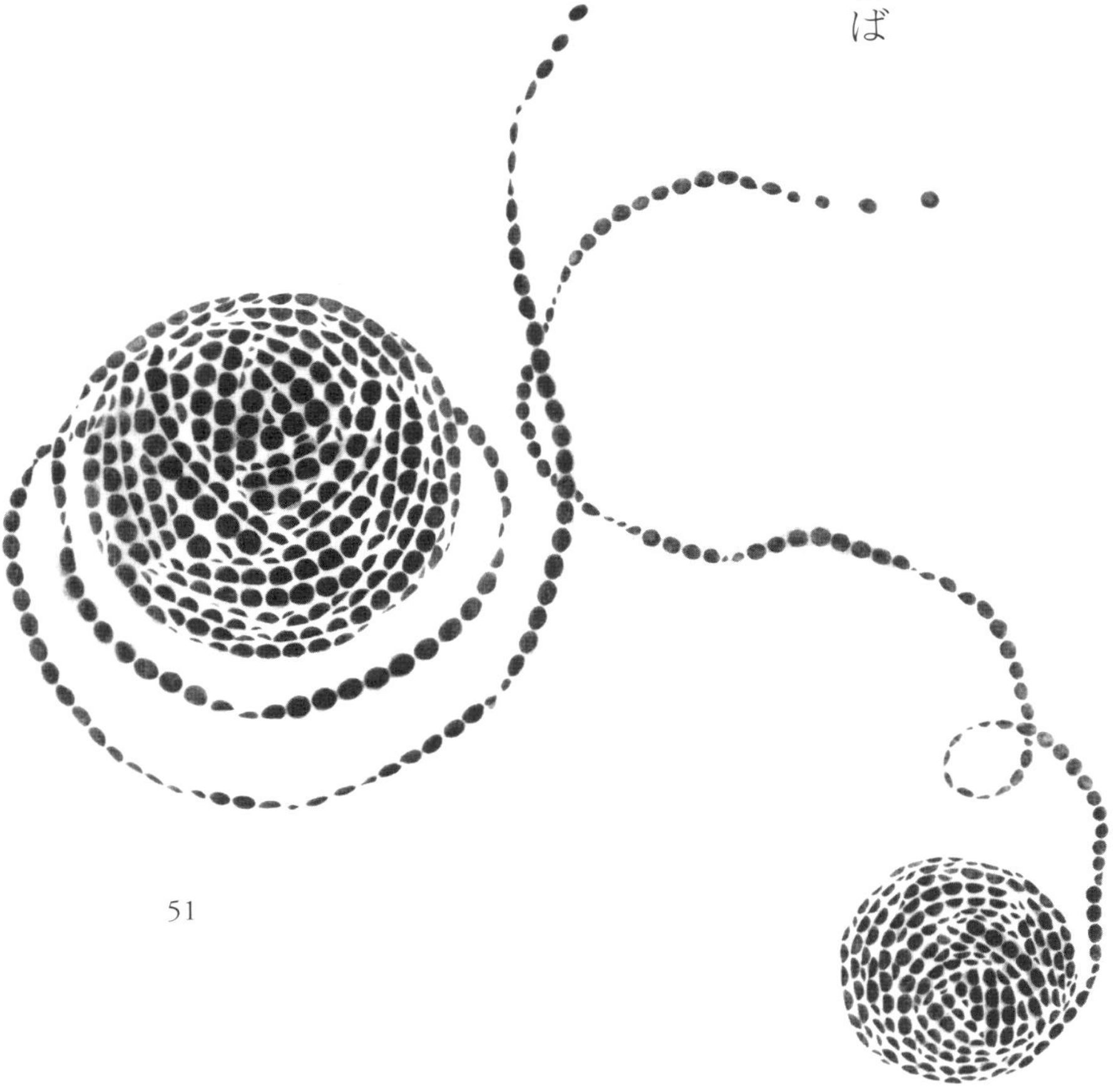

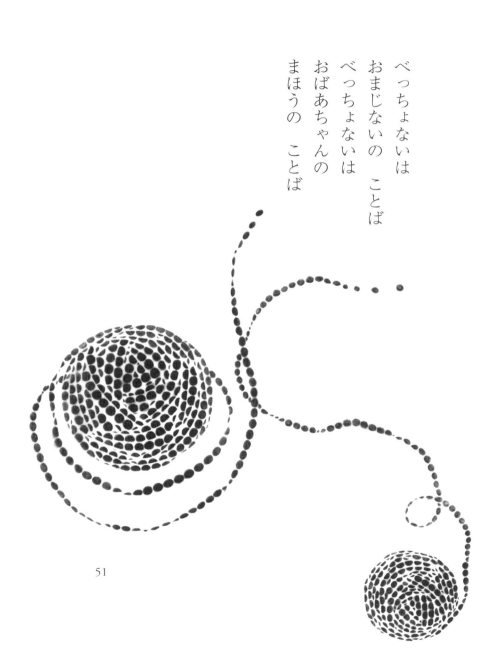

えがおの　おみやげ

ベッドに　ねている　おばあちゃん
おみまい　もって　きましたよ
にわに　さいてた　ちゅーりっぷ
すいーとぴーも　いいかおり
はなたばにして　おくります

ベッドで　にっこり　おばあちゃん
さよなら　するとき　いいました
なんにも　ないけど　これあげる

えがおの　おみやげ　はいどうぞ
りょうてで　はさんで　くれました

ベッドに　いない　おばあちゃん
いまは　おそらで　わらってる
おかおが　いつも　うかびます
えがおの　おみやげ　わすれません
わたしも　てをふり　こたえます

アースブルーの　ランドセル

せなかでね
はねるよ　はねる
アースブルーの　ランドセル
ちきゅうを　せおって　いるみたい
そんな　きがする　ランドセル

おうちでね
なでるよ　なでる
アースブルーの　ランドセル

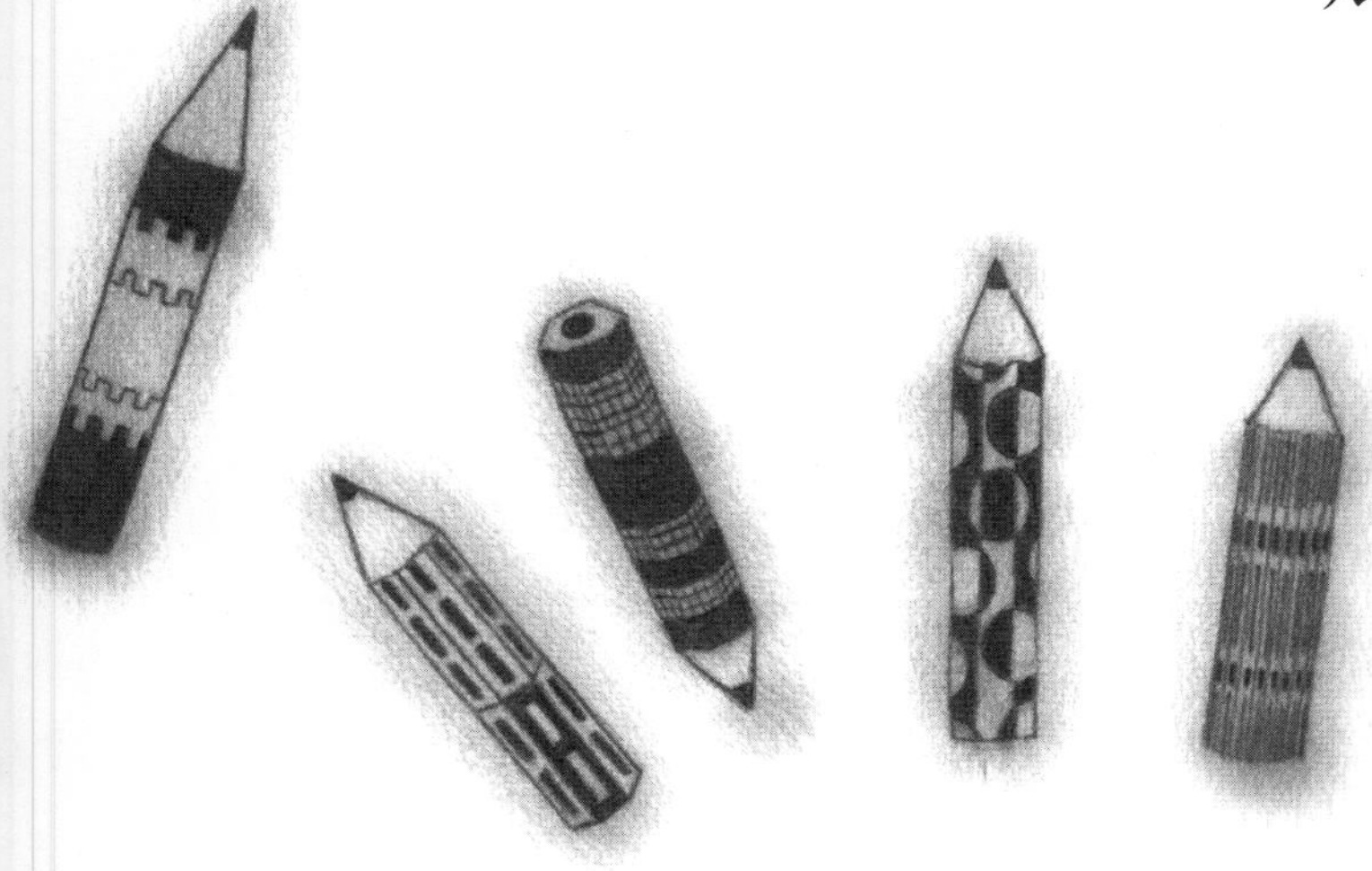

ひろい　そらに　さわれたみたい
そんな　きがする　ランドセル

ときどきね
みがくよ　みがく
アースブルーの　ランドセル
ふかい　うみに　もぐれるみたい
そんな　きがする　ランドセル

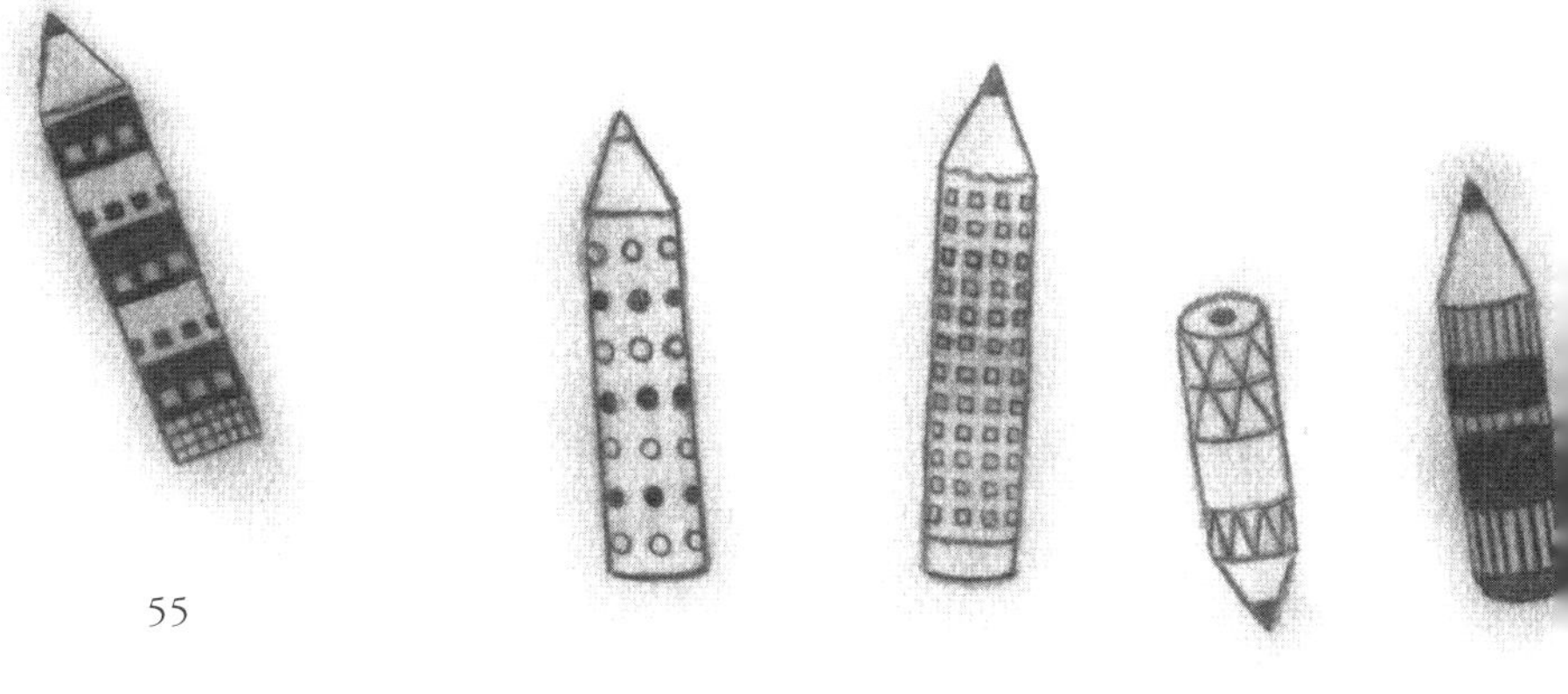

あしたの木《き》

ダンゴムシ

おひさまの　ひざし　あびて
ダンゴムシ　ころん
にわの　かだんで　ころん
からだ　ちぢめて　ころん

よるの　やみの　なかで
ダンゴムシ　つつつ
はなの　くきを　つつつ
からだ　のばして　つつつ

よつゆの　ジュース　のんで
ダンゴムシ　ららら
うたって　おどって　ららら
とくいがお　ららら

つつつ　つつつ
ころん　ころん

ららら　ららら
ららら　ららら

あおい　きのみ

あおい　どんぐり
おぼうし　にあう
どんぐり　どんぐり
もりの　なかの　こども
ちゃいろく　なるひ
ゆめ　みてる

あおい　なんてん
まあるい　おかお

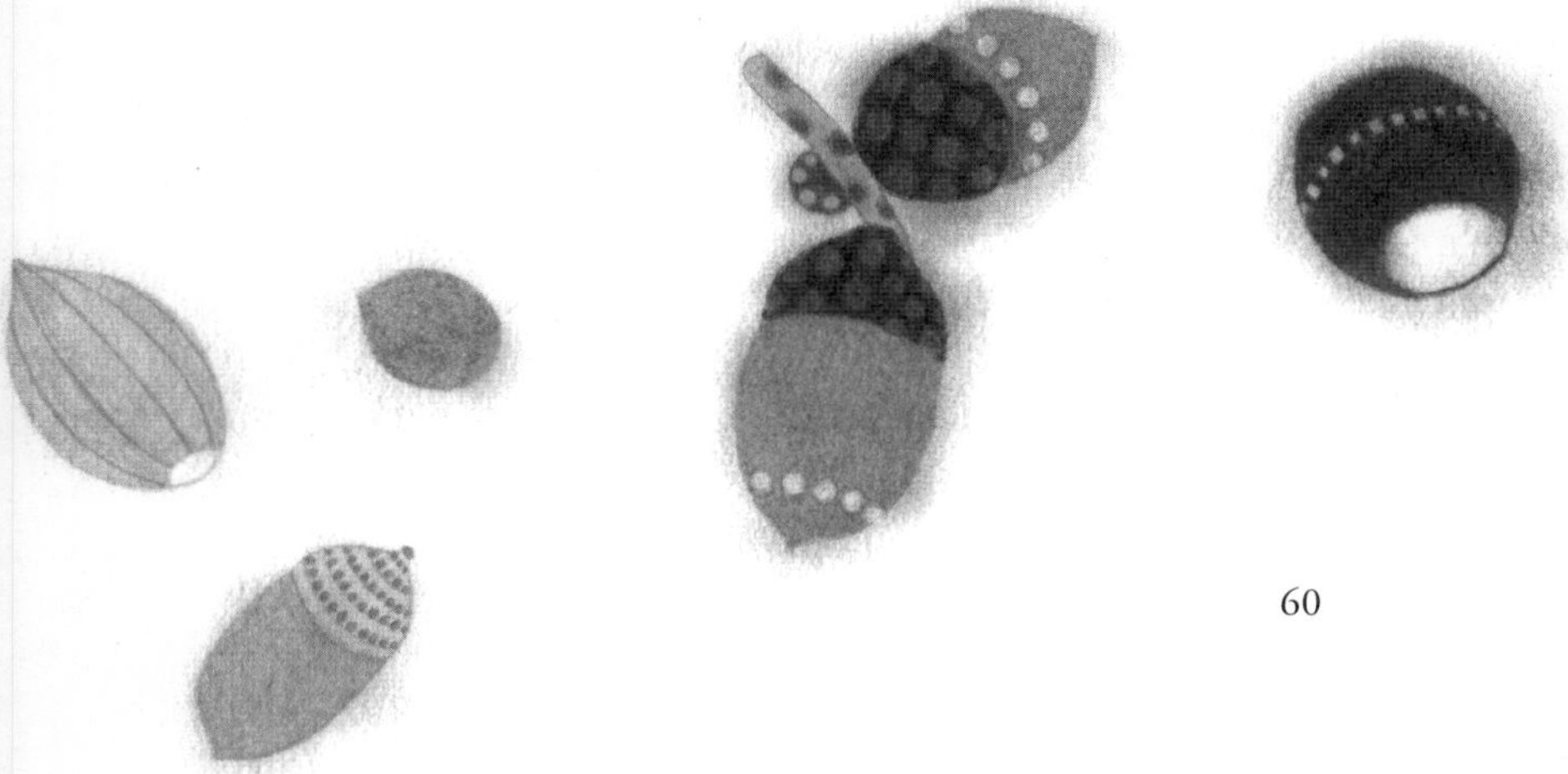

なんてん　なんてん
おひさまの　こども
あかく　なるひ
ゆめ　みてる

あおい　きんかん
おいしい　におい
きんかん　きんかん
おつきさまの　こども
きいろく　なるひ
ゆめ　みてる

もりの　けはい

うすみどりの　このはが
ひらりと　いちまい
おとも　たてず
じめんに　おちます

すきとおった　はなびらが
ふわりと　ひとひら
かぜに　おどり
ひかりに　とけます

わたしは
みみを　すまして
もりの　けはいと
ひとつに　なります

フラワーリレー

はるに　なったら
チューリップ
あかく　げんきに
ひらきます
つぎに　さくのは
だあれ

なつに　なったら
ひまわりが

きいろい　おかおで
わらいます
つぎに　さくのは
だあれ

あきに　なったら
コスモスが
しろや　ピンクに
ゆれながら
ふゆに　バトンを
わたします

そらへ

のはらで
つくった
はなたば

そらへ
おもいっきり
なげてみた

りんどうは
だいすきだった

おじいちゃんの
ところへ

のぎくは
やさしかった
おばあちゃんの
ところへ

えのころぐさは
しばいぬの
チャッピーの
ところへ

きっと　とどけて
かぜよ　くもよ　ひかりよ

あっ　いま

あっ　いま
そらが　ひかった
あおの　せかいから
おくられてきた
メッセージは
なにですか

あっ　いま
つぼみが　ひらいた

あかの　せかいから
おくられてきた
メッセージは
なにですか

あっ　いま
はねが　まいおりた
しろの　せかいから
おくられてきた
メッセージは
なにですか

あしたの木《き》

きんもくせいの　木《き》の　えだに
はとが　つくった　ちいさな　す
クルクル　クック　クルックルー
ようこそ　おにわに　いらっしゃい
あかちゃん　むかえる　したくでしょう

きんもくせいの　木の　えだで
はとが　うんだ　ふたつの　たまご
クルクル　クック　クルックルー

しろくて　まあるい　いのちです
おやばとたちが　あたためます

きんもくせいの　木の　えだから
こばとが　そらに　はばたいて
クルクル　クック　クルックルー
あしたに　むかって　いきました
こずえが　ゆれて　ひかります

童謡詩集『あしたの木』に寄せて

佐藤　雅子

うたかいずみさんの天性の優しさと子どもたちへの深い愛による、童謡詩集『あしたの木』がここに誕生しました。

創作童話や少年詩の世界でご活躍のいずみさんに童謡を書いてみませんか？　と、童謡協会にお誘いして八年程時が流れました。

当時童謡は自信がないと、童謡祭に向けてのアンソロジー年刊童謡詩集用の作品を、提出前に見せてくださいました。「おばけの先生」でした。子どもにとってちょっと怖くて興味深いおばけを、身近な学校に先生として登場させたおおらかに楽しく歌った詩で、初めて童謡を書かれたとは思えないしっかりした作品でした。早速その年の童謡祭で演奏され、曲集とＣＤに記録されました。それからは毎年年刊童謡詩集に参加、作曲され童謡歌手に歌われて、新しい童謡の発信が続いています。

童謡を書かれるようになってから、同人誌「とっくんこ」に入られたり、作詩セミナーに参加されたり、童謡を歌う会にも通われているとのことです。童謡に真摯に向き合い寄り添う気持ちは、幼いお孫さんとの日常のふれあいの中でも、子どもたちの純な心を童謡詩に伝えたいと努めておられるそうで、頭が下がります。

童謡詩集『あしたの木』には何気ない日常生活の中にある優しさと慈しみがあふれています。表題の「あしたの木」は小さな命への慈しみと自然への愛が歌われています。この愛こそが子どもたちの温かい人格形成の基本だと思います。

これからこの三〇編の童謡がそれぞれに一人歩きを始めます。子どもたちの心に響いていきますように。

これからのご健筆とご活躍を心から期待申し上げます。

あとがき

今から五年前に、東京で開かれていた画家しんやゆう子さまの個展で一枚の絵にであいました。こんもりと茂った木から、空へ飛び立つ二羽の鳩たち。それは、うちの庭にある金木犀の木のそばで見た光景と、ぴたりと合わさりました。金木犀の枝に親鳩が巣を作り、二つの卵を抱き続けていました。やがてひなにかえった小鳩たちが、わたしの目の前で青く広がる空へ向かって、パタパタと羽ばたいていったのです。その情景そのものが、展示してある一枚の絵と重なりました。まるで「あなたを待っていましたよ」と、絵が語りかけてくれるようで、時を経てこの童謡詩集の表紙となりました。あしたの空に向かって飛んでいく鳩たちの絵のおかげで、童謡詩集にたどりつけたのです。

わたしは、童話や物語を書き続けておりましたが、童謡詩人・佐藤雅子先生のお導きで、童謡詩の世界にも道しるべをいただくこと

になりました。日本独自の文化である童謡という道は、百年以上前からはるか未来へと続いています。
　皆さまの悲しみや辛さは、しばし心の中の小箱にそっと入れて、肩の力をぬいて童謡詩の世界で想いを遊ばせていただけましたら幸せです。ふと浮かぶお好きなメロディーをつけて、歌っていただくのもうれしいことです。
　作曲家さま、歌手さま、ピアニストさま、そして、お読みくださる皆さまのお力ぞえがあってこそ、羽ばたいていける童謡詩です。
　佐藤雅子先生はじめ、これまでお導きいただきました先生方、そして創作仲間やお世話になっている皆さま、編集に関わってくださった銀の鈴社の西野真由美さまに感謝申し上げます。しんやゆう子さまの絵と心を重ねて、一冊の童謡詩集が生まれました。ありがとうございます。

二〇二三年一月六日

うたか　いずみ

・キッチンコンサート　(八木英二・栗原正義)「とっくんこ第54号」掲載

・まほうのマント　(長谷川久美子) 第39回童謡祭参加・CD収録・長谷川久美子の曲による歌の本『しあわせのうた』収録

＊アースブルーの　ランドセル

・おめでとう　(高橋友夫)「とっくんこ56号」掲載

・なかなおり　(高月啓充・前多秀彦)「とっくんこ第45号」掲載

・えがおの　おみやげ　(柳井和郎・奥村忠一)「とっくんこ第61号」掲載

＊あしたの木

・あおい　きのみ　(伊藤幹翁) 第41回童謡祭参加・CD収録

・もりの　けはい　(高橋友夫・栗原正義)『とっくんこ第50号記念詩画展作品集』収録

・フラワーリレー　(奥村忠一)「とっくんこ64号」掲載

・そらへ　(高橋友夫・奥村忠一)「とっくんこ63号」掲載

・あっ　いま　(栗原正義・奥村忠一・柳井和郎)「とっくんこ60号」掲載

・あしたの木　(青木良子) 第44回童謡祭参加・CD収録

作曲者・掲載一覧

童謡詩集「あしたの木」

＊ゆうやけパレット

・ほしの　ネックレス　（前多秀彦・高橋友夫）「とっくんこ52号掲載・YouTube配信中・前多秀彦童謡曲集『道草してる』収録

・紙ひこうき　とばそ　（西頭俊幸）第42回童謡祭参加・CD収録

・風の　あしあと　（松井みさ・奥村忠一・柳井和郎）「とっくんこ58号」掲載

・あしあとスタンプ　（栗原正義・高月啓充・八木英二）「とっくんこ47号」掲載

・ゆうやけパレット　（高橋知子）第43回童謡祭参加・CD収録・YouTube配信中・令和３年度東京都全小学校児童作曲コンクール課題詩選定　児童128名が作曲

＊まほうのマント

・おばけの　先生　（八木英二）第38回童謡祭参加・CD収録・YouTube配信中

・のってみたいな　（栗原正義・高月啓充・高橋友夫）「とっくんこ第48号」掲載

・ママのエプロン　（栗原正義）「とっくんこ第46号」掲載

・せっけん　あわわ　（高月啓充）「とっくんこ第51号」掲載

著者紹介

詩　うたか　いずみ

兵庫県生まれ。第12回国民文化祭創作童話部門文部大臣奨励賞。第69回芸術文化団体「半どんの会」児童文学部門文化賞。第７回兵庫県青少年童話コンクール優秀賞。他。

童話『フラワーレターは　さんにんで！』『ブンのおてがら』朗読劇上演。

『ことばの詩集―方言と手紙』（銀の鈴社）『おはなしの森シリーズ』（神戸新聞総合出版センター）『頭がよくなる10の力を伸ばすお話』（PHP研究所）他。

「季節風」「花」「とっくんこ」同人。

日本児童文学者協会・日本児童文芸家協会・日本童謡協会会員。

絵　しんや　ゆう子

和歌山県生まれ。多摩美術大学グラフィックデザイン専攻卒業。書籍装画、挿絵等で活動中。

絵を担当した主な書籍に「たぶんみんなは知らないこと」（福田隆浩著／講談社）、「しりとり電車のハヤイチくん」（別司芳子著／文研出版）他。

NDC911
神奈川　銀の鈴社　2023
79頁　21cm（あしたの木）

ジュニアポエムシリーズ　306　　2023年1月6日初版発行
本体1,600円＋税

あしたの木

著　　者　詩・うたかいずみ©　絵・しんやゆう子©
発 行 者　西野大介
編集発行　㈱銀の鈴社　TEL 0467-61-1930　FAX 0467-61-1931
〒248-0017 神奈川県鎌倉市佐助1-18-21万葉野の花庵
https://www.ginsuzu.com
E-mail info@ginsuzu.com

ISBN978－4－86618－146－2 C8092　　印刷　電算印刷
落丁・乱丁本はお取り替え致します　　製本　渋谷文泉閣

…ジュニアポエムシリーズ…

1 鈴木敏史詩集 宮下琢郎・絵 星の美しい村 ★☆
2 小池知子詩集 高志孝子・絵 おにわいっぱいぼくのなまえ ★☆
3 鶴岡千代子詩集 武田淑子・絵 白い虹 児文芸新人賞
4 楠木しげお詩集 久保雅勇・絵 カワウソの帽子
5 津坂治男詩集 垣内美穂・絵 大きくなったら ★◇
6 後藤れい子詩集 山本まつ子・絵 あくたれぼうずのかぞえうた
7 北村蔦子詩集 柿本幸造・絵 あかちんらくがき
8 吉田瑞穂詩集 吉田翠・絵 しおまねきと少年 ★⊠◎
9 新川和江詩集 葉祥明・絵 野のまつり ★☆
10 阪田寛夫詩集 織茂恭子・絵 夕方のにおい ★◈○☆
11 高田敏子詩集 若山憲・絵 枯れ葉と星 ★☆
12 原田直友詩集 吉田翠・絵 スイッチョの歌 ★◎
13 小林純一詩集 久保雅勇・絵 茂作じいさん ★◉♪☆◎
14 谷川俊太郎詩集 長新太・絵 地球へのピクニック ★◎◇
15 与田準一詩集 深沢省三・深沢紅子・絵 ゆめみることば ★
16 岸田衿子詩集 中谷千代子・絵 だれもいそがない村
17 江間章子詩集 榊原直美・絵 水と風 ◇◎
18 原田直友詩集 小野まり・絵 虹―村の風景― ★
19 福田正夫詩集 福田達夫・絵 星の輝く海 ★☆
20 草野心平詩集 長野ヒデ子・絵 げんげと蛙 ★☆○◇
21 宮田滋子詩集 青木まさる・絵 手紙のおうち ☆○
22 久保田昭三詩集 斎藤彬子・絵 のはらでさきたい
23 鶴岡千代子詩集 加倉井和夫・武田淑子・絵 白いクジャク ★♪
24 尾上尚子詩集 まど・みちお・絵 そらいろのビー玉 ★☆ 児文協新人賞
25 水上紅詩集 深沢紅子・絵 私のすばる ☆
26 野呂昶詩集 福島一二三・絵 おとのかだん ★
27 こやま峰子詩集 武田淑子・絵 さんかくじょうぎ ☆
28 青戸かいち詩集 駒宮録郎・絵 ぞうの子だって
29 まきたかし詩集 福田達夫・絵 いつか君の花咲くとき ★☆♡
30 薩摩忠詩集 駒宮録郎・絵 まっかな秋 ★☆♡
31 新川和江詩集 福島一二三・絵 ヤァ！ヤナギの木 ★☆○♡
32 井上靖詩集 駒宮録郎・絵 シリア沙漠の少年 ★☆♡
33 古村徹三詩・絵 笑いの神さま
34 江上波夫詩集 青空風太郎・絵 ミスター人類 ○☆
35 秋原秀夫詩集 鈴木義治・絵 風の記憶 ★◎
36 水村三千夫詩集 武田淑子・絵 鳩を飛ばす
37 久冨純江詩集 渡辺安芸夫・絵 風車 クッキングポエム
38 日野生三詩集 吉野晃希男・絵 雲のスフィンクス ★
39 佐藤雅子詩集 佐藤太清・広瀬きよみ・絵 五月の風 ★
40 小黒恵子詩集 武田淑子・絵 モンキーパズル ★
41 木村信子詩集 山本典子・絵 でていった
42 中野栄子詩集 吉田翠・絵 風のうた ☆
43 宮田滋子詩集 牧村慶子・絵 絵をかく夕日 ★
44 大久保テイ子詩集 渡辺安芸夫・絵 はたけの詩 ★☆
45 秋原秀夫詩集 赤星亮衛・絵 ちいさなともだち ♥

☆日本図書館協会選定（2015年度で終了）　♪日本童謡賞　♧岡山県選定図書　◇岩手県選定図書
★全国学校図書館協議会選定（SLA）　♡日本子どもの本研究会選定　◆京都府選定図書
□少年詩賞　■茨城県すいせん図書　♥秋田県選定図書　⊠芸術選奨文部大臣賞
○厚生省中央児童福祉審議会すいせん図書　♣愛媛県教育会すいせん図書　◉赤い鳥文学賞　◈赤い靴賞

…ジュニアポエムシリーズ…

- 46 日友靖子詩集 藤城清治・安西明美・絵 猫曜日だから ◆☆
- 47 秋葉てる代詩集 武田淑子・絵 ハープムーンの夜に ♡
- 48 こやま峰子詩集 山本省三・絵 はじめのいーっぽ ★♡
- 49 黒柳啓子詩集 金子滋・絵 砂かけ狐 ♡
- 50 三枝ますみ詩集 武田淑子・絵 ピカソの絵 ☆♡♪
- 51 夢虹二詩集 武田淑子・絵 とんぼの中にぼくがいる ♡○♥
- 52 はたちよしこ詩集 まど・みちお・絵 レモンの車輪 □✾
- 53 大岡信詩集 葉祥明・絵 朝の頌歌 ★☆♡♥◎
- 54 吉田瑞穂詩集 吉田翠・絵 オホーツク海の月 ★☆♡
- 55 さとう恭子詩集 村上保・絵 銀のしぶき ★☆♡
- 56 星乃ミミナ詩集 葉祥明・絵 星空の旅人 ★☆♡
- 57 葉祥明詩・絵 ありがとう そよ風 ★♡▲
- 58 青戸かいち詩集 初山滋・絵 双葉と風
- 59 小野ルミ詩集 和田誠・絵 ゆきふるるん ★☆♪♡
- 60 なぐもはるき詩・絵 たったひとりの読者 ★♡✾
- 61 小関秀夫詩集 小倉玲子・絵 風《かざ》栞《しおり》 ★♡♥
- 62 海沼松世詩集 守下さおり・絵 かげろうのなか ☆♡
- 63 山本龍生詩集 小倉玲子・絵 春行き一番列車 ♡
- 64 小泉周二詩集 深沢省三・絵 こもりうた ★☆♡
- 65 かわてせいぞう詩集 若山憲・絵 野原のなかで ♡★♥
- 66 えぐちまき詩集 赤星亮衛・絵 ぞうのかばん ♡◆♥
- 67 池田あきつ詩集 小倉玲子・絵 天気雨 ♡
- 68 藤井則行詩集 君島美知子・絵 友へ ♡♤
- 69 藤哲生詩集 武田淑子・絵 秋いっぱい ★♠
- 70 日友靖子詩集 深沢紅子・絵 花天使を見ましたか ★
- 71 吉田瑞穂詩集 吉田翠・絵 はるおのかきの木 ★
- 72 小島禄琅詩集 中村陽子・絵 海を越えた蝶 ☆★♥♡
- 73 にしおまさこ詩集 杉田幸子・絵 あひるの子 ★
- 74 山下竹二詩集 徳田徳志芸・絵 レモンの木 ★
- 75 高崎乃理子詩集 奥山英俊・絵 おかあさんの庭 ★♡
- 76 檜きみこ詩集 広瀬弦・絵 しっぽいっぽん ★♪□☆♡
- 77 たかはしけいこ詩集 高田三郎・絵 おかあさんのにおい ♡♣□
- 78 星乃ミミナ詩集 深澤邦朗・絵 花かんむり ♥☆♡
- 79 佐藤照雄詩集 津波信久・絵 沖縄 風と少年 ☆♡★
- 80 相馬梅子詩集 やなせたかし・絵 真珠のように ♥★
- 81 小島禄琅詩集 深沢紅子・絵 地球がすきだ ★
- 82 鈴木美智子詩集 黒澤梧郎・絵 龍のとぶ村 ◇★♥
- 83 いがらしれいこ詩集 高田三郎・絵 小さなてのひら ☆
- 84 宮入黎子詩集 小倉玲子・絵 春のトランペット ☆★
- 85 下田喜久美詩集 方振寧・絵 ルビーの空気をすいました ☆
- 86 野呂昶詩集 方振寧・絵 銀の矢ふれふれ ★
- 87 ちよはらまちこ詩集 ちよはらまちこ・絵 パリパリサラダ ★
- 88 秋原秀夫詩集 徳田徳志芸・絵 地球のうた ☆★
- 89 中島あやこ詩集 井上緑・絵 もうひとつの部屋 ★
- 90 藤川こうのすけ詩集 葉祥明・絵 こころインデックス ☆

✲サトウハチロー賞
✾三木露風賞
♤福井県すいせん図書
▲神奈川県児童福祉審議会推薦優良図書
♠奈良県教育研究会すいせん図書
✧北海道選定図書
⌖静岡県すいせん図書
◎学校図書館図書整備協会選定図書（SLBA）
✣毎日童謡賞
✤三越左千夫少年詩賞

…ジュニアポエムシリーズ…

△長野県教育委員会すいせん図書　☆㈶日本動物愛護協会推薦図書
◆茨城県推奨図書　●児童ペン賞

…ジュニアポエムシリーズ…

136 秋葉てる代詩集 やなせたかし・絵 おかしのすきな魔法使い ♪★
137 青戸かいち詩集 永田萠・絵 小さなさようなら ❀★
138 柏木恵美子詩集 高田三郎・絵 雨のシロホン ♡★
139 藤井則行詩集 阿見みどり・絵 春だから ♡★◎
140 黒田勲子詩集 山中冬児・絵 いのちのみちを
141 南郷芳明詩集 的場豊子・絵 花時計
142 やなせたかし 詩・絵 生きているってふしぎだな
143 内田麟太郎詩集 斎藤隆夫・絵 うみがわらっている
144 しまざきふみ詩集 島崎奈緒・絵 こねこのゆめ ♡
145 糸永えつこ詩集 武井武雄・絵 ふしぎの部屋から ♡
146 石坂きみこ詩集 鈴木英二・絵 風の中へ ♡
147 坂本のこ詩集 坂本こう・絵 ぼくの居場所 ♡
148 島村木綿子 詩・絵 森のたまご ❀
149 楠木しげお詩集 わたせせいぞう・絵 まみちゃんのネコ ★
150 牛尾良子詩集 上矢津・絵 おかあさんの気持ち ♡

151 三越左千夫詩集 阿見みどり・絵 せかいでいちばん大きなかがみ ★
152 水村三千夫詩集 高見八重子・絵 月と子ねずみ
153 川越文子詩集 横松桃子・絵 ぼくの一歩ふしぎだね ★
154 すずきゆかり詩集 葉祥明・絵 まっすぐ空へ
155 西田純詩集 葉祥明・絵 木の声 水の声
156 清野倭文子詩集 水科舞・絵 ちいさな秘《ひ》密《みつ》
157 川奈静詩集 直江みちる・絵 浜ひるがおはパラボラアンテナ ★◎
158 若木良水詩集 西真里子・絵 光と風の中で
159 牧陽子詩集 渡辺あきお・絵 ねこの詩 ★◎
160 宮田滋子詩集 阿見みどり・絵 愛一輪 ★◎
161 井上灯美子詩集 唐沢静・絵 ことばのくさり ☆♪
162 滝波万理子詩集 滝波裕子・絵 みんな王《おう》様《さま》 ★♪
163 冨岡みち詩集 関口コオ・絵 かぞえられへん せんぞさん ★
164 垣内磯子詩集 辻恵子・切り絵 緑色のライオン ★◎
165 すぎもとれいこ詩集 平井辰夫・絵 ちょっといいことあったとき ★

166 岡田喜代子詩集 おぐらひろかず・絵 千年の音 ★☆◎
167 川奈静詩集 直江みちる・絵 ひもの屋さんの空 ★◎☆♥♡
168 鶴岡千代子詩集 武田淑子・絵 白い花火 ★☆
169 井上灯美子詩集 唐沢静・絵 ちいさい空をノックノック ★◎☆
170 尾崎杏子詩集 ひなた山すじゅう郎・絵 海辺のほいくえん ☆♡★◎
171 柘植愛子詩集 やなせたかし・絵 たんぽぽ線路 ☆♡★◎♪
172 小林比呂古詩集 うめざわのりお・絵 横須賀スケッチ ☆★◎♡▲
173 林佐知子詩集 串田敦子・絵 きょうという日 ☆★◎♡▲
174 後藤基宗子詩集 岡澤由紀子・絵 風とあくしゅ ☆♥★◎♡
175 土屋律子詩集 高瀬のぶえ・絵 るすばんカレー ☆♡★◎▲
176 三輪アイ子詩集 深沢邦朗・絵 かたぐるましてよ ★☆♡
177 田辺瑞美子詩集 西真里子・絵 地球賛歌 ☆★◎
178 高瀬美代子詩集 小倉玲子・絵 オカリナを吹く少女 ☆♡
179 中野惠子詩集 串田敦子・絵 コロポックルでておいで ★♡☆♪
180 松井節子詩集 阿見みどり・絵 風が遊びにきている ★☆♡▲

…ジュニアポエムシリーズ…

181 新谷智恵子詩集 徳田徳志芸・絵 とびたいペンギン 佐世保文学賞 ♡★◎▲

182 牛尾良子詩集 牛尾征治・写真 庭のおしゃべり ♡★◎

183 三枝ますみ詩集 高見八重子・絵 サバンナの子守歌 ☆★

184 佐藤雅子詩集 佐藤太清 菊池治子・絵 空の牧《まき》場《ば》 ☆★♡■◎◈

185 山内弘子詩集 おぐらひろかず・絵 思い出のポケット ♡★♪

186 山内弘子詩集 阿見みどり・絵 花の旅人 ♡★▲

187 原国子詩集 牧野鈴子・絵 小鳥のしらせ ♡★△◎

188 人見敬子 詩・絵 方《はこ》舟《ぶね》地球号 ―いのちは元気― ♡★◎

189 林佐知子詩集 串田敦子・絵 天にまっすぐ ★☆♡◎

190 小臣富子詩集 渡辺あきお・絵 わんさかわんさかどうぶつさん ✡♡★◎

191 川越文子詩集 かまだちえみ・写真 もうすぐだからね ♡★◎

192 永田喜久男詩集 武田淑子・絵 はんぶんごっこ ☆★◎♡

193 吉田房子詩集 大和田明代・絵 大地はすごい ★◎♡▲

194 石井春香詩集 髙見八重子・絵 人魚の祈り ★♡

195 石原一輝詩集 小倉玲子・絵 雲のひるね ♡

196 たかはしけいこ詩集 髙橋敏彦・絵 そのあと ひとは ★

197 宮田滋子詩集 おおた慶文・絵 風がふく日のお星さま ★♡◎

198 渡辺恵美子詩集 つるみゆき・絵 空をひとりじめ ★♡♪

199 宮中雲子詩集 西真里子・絵 手と手のうた ★

200 杉本深由起詩集 太田大八・絵 漢字のかんじ ★♡⊛

201 井上灯美子詩集 唐沢静・絵 心の窓が目だったら ★♡

202 峰松晶子詩集 おおた慶文・絵 きばなコスモスの道 ★♡

203 高橋文子詩集 山中桃子・絵 八丈太鼓 ★♡

204 長野貴子詩集 武田淑子・絵 星座の散歩 ★♡

205 江口正子詩集 髙見八重子・絵 水の勇気 ♡☆★

206 藤本美智子 詩・絵 緑のふんすい ☆♡★

207 林佐知子詩集 串田敦子・絵 春はどどど ♡★◎

208 小関秀夫詩集 阿見みどり・絵 風のほとり ☆♡★▲

209 宗美津子詩集 宗信寛・絵 きたのもりのシマフクロウ ♡★

210 かわてせいぞう詩集 髙橋敏彦・絵 流れのある風景 ☆♡★

211 土屋律子詩集 高瀬のぶえ・絵 ただいまぁ ★♡☆◎▲

212 永田喜久男詩集 武田淑子・絵 かえっておいで ☆♡★

213 みたみちこ詩集 牧進・絵 いのちの色 ♡★

214 糸永えつこ詩集 糸永わかこ・絵 母です 息子です おかまいなく ♡☆★

215 宮田滋子詩集 武田淑子・絵 さくらが走る ♡☆★♪

216 柏木恵美子詩集 吉野晃希男・絵 ひとりぽっちの子クジラ ♡★◎

217 江口正子詩集 髙見八重子・絵 小さな勇気 ♡☆★

218 井上灯美子詩集 唐沢静・絵 いろのエンゼル ★♡

219 中島あやこ詩集 日向山寿十郎・絵 駅伝競走 ★☆♡

220 高橋孝治詩集 髙見八重子・絵 空の道 心の道 ★♡

221 江口正子詩集 日向山寿十郎・絵 勇気の子 ♡☆★

222 宮田滋子詩集 牧野鈴子・絵 白鳥よ ☆★

223 井上良子詩集 銅版画 太陽の指環 ★

224 川越文子詩集 山中桃子・絵 魔法のことば ♡☆★

225 西本みさこ詩集 上司かのん・絵 いつもいっしょ ☆♡

…ジュニアポエムシリーズ…

226 おばらいちこ詩集 髙見八重子・絵 ぞうのジャンボ ☆★♡
227 吉田房子詩集 本田あまね・絵 まわしてみたい石臼 ★♡
228 吉田房子詩集 阿見みどり・絵 花 詩 集 ★♡◎
229 田中たみ子詩集 唐沢静・絵 へこたれんよ ★◎
230 林佐知子詩集 串田敦子・絵 この空につながる ★♡
231 藤本美智子 詩・絵 心のふうせん ★♡
232 火星雅範詩集 西川律子・絵 ささぶねうかべたよ ★♡▲
233 吉田房子詩集 岸田歌子・絵 ゆりかごのうた ★♡
234 むらかみみちこ詩集 むらかみみちこ・むらかみあくる・絵 風のゆうびんやさん ★♡
235 白谷玲花詩集 阿見みどり・絵 柳川白秋めぐりの詩 ★♡
236 ほさかとしこ詩集 内山つとむ・絵 神さまと小鳥 ★☆♡
237 内田麟太郎詩集 長野ヒデ子・絵 まぜごはん ☆★◎♡▲
238 小林比呂古詩集 出口雄大・絵 きりりと一直線 ♡★
239 牛尾良子詩集 おぐらひろかず・絵 うしの土鈴とうさぎの土鈴 ★◎♡
240 山本純子詩集 ルイコ・絵 ふ ふ ふ ★♡☆◎
241 神田亮 詩・絵 天使の翼 ★☆♡
242 かんざわみえ詩集 阿見みどり・絵 子供の心大人の心さ迷いながら ☆★◎▲
243 永田喜久男詩集 内山つとむ・絵 つながっていく ★☆♡
244 浜野木碧 詩・絵 海原散歩 ☆★◎♡
245 やまうち・しゅうへい詩集 山本省三・絵 風のおくりもの ☆★◎♡
246 すぎもとれいこ 詩・絵 てんきになあれ ★◎
247 冨岡みち詩集 加藤真夢・絵 地球は家族 ひとつだよ ♡☆◎★
248 北野千賀詩集 滝波裕子・絵 花束のように ♡☆★◎
249 石原一輝詩集 加藤真夢・絵 ぼくらのうた ♡★◎
250 土屋律子詩集 高瀬のぶえ・絵 まほうのくつ ♡☆★◎▲
251 津坂治男詩集 井上良子・絵 白い太陽 ☆♡★◎
252 石井英行詩集 よしだちなつ・表紙絵 野原くん ☆★♡◎▲
253 井上灯美子詩集 唐沢静・絵 たからもの ☆♡★
254 大竹典子詩集 加藤真夢・絵 おたんじょう ☆★
255 たかはしけいこ詩集 織茂恭子・絵 流 れ 星 ★♡
256 谷川俊太郎詩集 下田昌克・絵 そ し て ♡★◎
257 なんば・みちこ詩集 布下満・絵 トックントックン 大空で大地で ★◎
258 宮本美智子詩集 阿見みどり・絵 夢の中に そっと ★◎♡
259 成本和子詩集 阿見みどり・絵 天使の梯子 ★◎
260 海野文音詩集 牧野鈴子・絵 ナンドデモ ★♡
261 熊谷本郷詩集 永田萠・絵 かあさん かあさん ★♡
262 大楠翠詩集 吉野晃希男・絵 おにいちゃんの紙飛行機 ★♡♪
263 久保恵子詩集 たかせちなつ・絵 わたしの心は 風に舞う ★♡
264 みずかみさやか詩集 葉祥明・絵 五月の空のように ★♡
265 尾崎昭代詩集 中辻アヤ子・絵 たんぽぽの日 ★
266 はやしゆみ詩集 渡辺あきお・絵 わたしはきっと小鳥 ★
267 田沢節子詩集 永田萠・絵 わき水ぷっくん △★♡
268 柘植愛子詩集 そねはらまさえ・絵 赤いながぐつ ★♡
269 馬場与志子詩集 日向山寿十郎・絵 ジャンケンポンでかくれんぼ ♡★
270 内田麟太郎詩集 高畠純・絵 たぬきのたまご ★●♡

…ジュニアポエムシリーズ…

271 むらかみみちこ 詩・絵 家族のアルバム ★♡
272 井上和子詩集 吉田瑠美・絵 風のあかちゃん ★♡
273 佐藤一志詩集 日向山寿十郎・絵 自然の不思議 ♡★
274 小沢千恵 詩・絵 やわらかな地球 ♡★
275 あべこうぞう詩集 大谷さなえ・絵 生きているしるし ♡★
276 宮田滋子詩集 田中槇子・絵 チューリップのこもりうた ★♡
277 林佐知子詩集 葉祥明・絵 空の日 ★♡
278 いしがいようこ 詩・絵 ゆれる悲しみ ★♡
279 村瀬保子詩集 武田淑子・絵 すきとおる朝 ♡★
280 あわのゆりこ詩集 高畠純・絵 まねっこ ★♡
281 川越文子詩集 福田岩緒・絵 赤い車 ★♡
282 白石はるみ詩集 かないゆみこ・絵 エリーゼのために ★♡
283 尾崎杏子詩集 日向山寿十郎・絵 ぼくの北極星 ♡★
284 壱岐梢詩集 葉祥明・絵 ここに ★
285 野口正路詩集 山手正彦・絵 光って生きている ★◎

286 樋口てい子詩集 串田敦子・絵 ハネをもったコトバ ★◎
287 火星雅範詩集 西川律子・絵 ささぶねにのったよ
288 大楠翠詩集 吉野晃希男・絵 はてなとびっくり ★◎
289 大澤清詩集 阿見みどり・絵 組曲 いかに生きるか ★
290 たかはしけいこ詩集 織茂恭子・絵 いっしょ ★♡◎
291 内田麟太郎詩集 大野八生・絵 なまこのぽんぽん ★◎○
292 はやしゆみ詩集 はなてる・絵 こころの小鳥 ♡★◎
293 いしがいようこ 詩・絵 あ・そ・ぼ！ ★♡◎
294 帆草とうか 詩・絵 空をしかくく切りとって ★♡
295 土屋律子詩集 吉野晃希男・絵 コピーロボット ★◎♡
296 川上佐貴子詩集 はなてる・絵 アジアのかけ橋 ♡★◎
297 西沢杏子詩集 東逸子・絵 さくら貝とプリズム ♡★◎
298 鈴木初江詩集 小倉玲子・絵 めぐりめぐる水のうた ★◎
299 白谷玲花詩集 牧野鈴子・絵 母さんのシャボン玉 ◎★
300 ゆふあきら詩集 ゆふくみこ・絵 やまぐちかおる・絵 すずめのバスケ ♡★◎

301 半田信和詩集 吉野晃希男・絵 ギンモクセイの枝先に ★◎
302 弓削田健介詩集 葉祥明・絵 優《やさ》しい詩《うた》のお守《まも》りを ★♡
303 内田麟太郎詩集 井上コトリ・絵 たんぽぽぽぽぽ
304 宮本美智子詩集 阿見みどり・絵 水色の風の街
305 星野良一詩集 ながしまよいち・絵 星の声、星の子へ
306 うたかいずみ詩集 しんやゆう子・絵 あしたの木
307 藤本美智子 詩・絵 木の気分

＊刊行の順番はシリーズ番号と異なる場合があります。

ジュニアポエムシリーズは、子どもにもわかる言葉で真実の世界をうたう個人詩集のシリーズです。

本シリーズからは、毎回多くの作品が教科書等の掲載詩に選ばれており、1974年以来、全国の小・中学校の図書館や公共図書館等で、長く、広く、読み継がれています。

心を育むポエムの世界。

一人でも多くの子どもや大人に豊かなポエムの世界が届くよう、ジュニアポエムシリーズはこれからも小さな灯をともし続けて参ります。

銀の小箱シリーズ

四六変型

- 葉　祥明 詩・絵　小さな庭
- 若山　憲 詩・絵　白い煙突
- こばやしひろこ・詩　うめざわのりお・絵　みんななかよし
- 江口　正子・詩　油野　誠一・絵　みてみたい
- やなせたかし 詩・絵　あこがれよなかよくしよう
- 冨岡　みち・詩　関口　コオ・絵　ないしょやで
- 小林比呂古・詩　神谷　健雄・絵　花かたみ
- 小泉　周二・詩　辻　友紀子・絵　誕生日・おめでとう
- 柏原　耿子・詩　阿見みどり・絵　アハハ・ウフフ・オホホ★♡▲
- こばやしひろこ・詩　うめざわのりお・絵　ジャムパンみたいなお月さま★▲

小さな詩の絵本

新企画　オールカラー・A6判

- 内田麟太郎・詩　たかすかずみ・絵　いっしょに♡★◎

すずのねえほん

B5判・A4変型版

- たかはしけいこ・詩　中釜浩一郎・絵　わたし★◎
- 尾上　尚子・詩　小倉　玲子・絵　ぽわぽわん
- 糸永えつこ・詩　高見八重子・絵　はる なつ あき ふゆ もうひとつ★ 児文芸新人賞
- 山口　敦子・詩　高橋　宏幸・絵　ばあばとあそぼう
- あらい・まさはる・童謡　しのはらはれみ・絵　けさいちばんのおはようさん
- 佐藤　雅子・詩　佐藤　太清・絵　こもりうたのように♪ 美しい日本の12ヵ月 日本童謡賞
- 柏木　隆雄・詩　やなせたかし他・絵　かんさつ日記★♡
- アリウス・マルツィンケヴィチウス・詩　ラサ・ヤンチャウスカイテ・絵　きむらあや・訳　ちいさな ちいさな♡◎★

銀の鈴文庫

文庫サイズ・A6判

- 小沢　千恵・詩　下田　昌克・絵　あのこ♡▲

アンソロジー

A5判

- 渡辺　浦人・編　村上　保・絵　赤い鳥　青い鳥♪
- わたげの会・編　渡辺あきお・絵　花ひらく★
- 木曜会・編　西　真里子・絵　いまも星はでている★
- 木曜会・編　西　真里子・絵　いったりきたり♡
- 木曜会・編　西　真里子・絵　宇宙からのメッセージ
- 木曜会・編　西　真里子・絵　地球のキャッチボール★◎
- 木曜会・編　西　真里子・絵　おにぎりとんがった☆★◎
- 木曜会・編　西　真里子・絵　みぃーつけた♡★◎
- 木曜会・編　西　真里子・絵　ドキドキがとまらない
- 木曜会・編　西　真里子・絵　神さまのお通り★
- 木曜会・編　西　真里子・絵　公園の日だまりで★♡
- 木曜会・編　西　真里子・絵　ねこがのびをする♡★

掌の本 アンソロジー

A7判

- こころの詩 I　品切
- しぜんの詩 I
- いのちの詩 I　品切
- ありがとうの詩 I　品切
- 詩集 希望
- 詩集 家族
- いのちの詩集―いきものと野菜
- ことばの詩集―方言と手紙
- 詩集―夢・おめでとう
- 詩集―ふるさと・旅立ち

掌の本

A7判

- 森埜こみち・詩　こんなときは！